JN438383

오늘의문학시인선 371

# 봄날에 기다리다

엄기창 시조집

오늘의문학사

국립중앙도서관 출판시도서목록(CIP)

봄날에 기다리다 : 엄기창 시조집 / 지은이: 엄기창. -- 대전 : 오늘의문학사, 2016
p. ; cm. -- (오늘의문학시인선 ; 371)

ISBN 978-89-5669-748-2 03810 : ₩9000

한국 현대 시조[韓國現代時調]

811.36-KDC6
895.715-DDC23 CIP2016011516

봄날에 기다리다

## ‖ 시인의 말 ‖

누님이란 말은
어머니란 말과 함께 가장 정다운 이름이다.
몇 년 전 누님의 부음 소식을 듣고
나는 대구까지 울면서 갔다.
밀양 땅에 묻고 돌아와서, 봄날
앵두꽃 필 때쯤이면 하염없이 기다린다.
누님이 돌아올 회재고개는 많이 낮아졌지만
산모롱이로는 아지랑이만 아른거린다.
누님의 첫 제사에 누님이 좋아하던 고향의 솔바람 소리
뻐꾸기 울음소리를 선물로 안고 가서
누님의 무덤가에 심어드렸다.
거기 계신 걸 알면서도
나는 봄날이면 어린시절로 돌아가 하염없이 기다린다.
봄은 기다림이기에….

2016년 늦봄
엄기창

## 차례_

## 2부_ 부처님의 날개

차례_

## 3부_ 재래시장에 부는 바람

## 4부_ 내 사랑, 나의 조국

## 5부_ 기억의 저편

1부

# 생명의 꽃대 하나

# 경칩 일기驚蟄日記

차 마시다 창窓 너머로
봄빛 새론 산山을 본다.
표구表具 하지 않아도
늘 거기 걸린 풍경
상큼한 녹차 맛처럼
가슴으로
다가온다.

한사코 초록빛을
놓지 않는 산山이기에
시드는 난蘭을 위해
창窓을 열고 산山을 맞다.
성긴 잎 사이에 꽃대
혼불 하나
켜 든다.

# 도자기 무덤

살점마다
쌓인 한恨만큼
달빛을
머금었다.

삶의
받침대에
손때 한 번
못 묻히고

지옥 불
나오자마자
깨져버린 생명生命들아!

# 목숨

저 그늘 외로운 길
햇살 따라 가다 보면
수줍게 입을 벌린
진달래꽃 한 이파리
한겨울 딛고 일어선
여린 목숨 하나.

산 빛 아직 익지 않은
초 삼월 바람 속에
목청 돋워 봄 부르는
등대로 피었느냐
한 모금 물빛 향기로
세상 밝히는 목숨 하나.

# 민들레

깨어진 보도블록
돋아난 뽀얀 새살

아픔을 밀어내고
한두 송이 꽃을 피워

세상의
흉한 상처를
감싸주고 있구나.

# 세우細雨

대청호 빈 가슴이
세우細雨에 젖습니다.

갈대밭은 이따금
물새를 토해내도

무언가 허전한 마음에
손을 담가 봅니다.

손바닥 적셔오는
나직한 물결 소리

물밑에서 떠오르는
곰삭은 이야기들

빗방울 저 혼자 울어
눈물 보태 줍니다.

# 목련 이제二題

## 자목련

서설瑞雪로 씻은
지등紙燈이다.
하늘 물살
불 밝히는

아직도 매운 세상
누군가의 바람인가

겨울 끝
시린 인심을
맑은 향기로 데운다.

## 백목련

옥양목 치마저고리
장롱 속에 묻어 놓고

겨우내
설렘을
가꿔 오신 어머님

봄 오자
곱게 차려입고
봄나들이 나오셨네.

# 봄날에 기다리다

작은누님,
오셔요.
버들피리 불게요.

회재 높아 못 온다 해서
낮게 깎아 놓았어요.

산굽이
돌아 돌아서
아지랑이만 날리네요.

산그늘이
내려와서
장막처럼 드리우고

남가섭암 불빛이
별빛으로 일어서요.

밀양 땅

산자락에 누운

누님 기다리는 봄 하루.

# 누님 부음 오던 날

조팝꽃 지고
여울 울어
봄 하루 시들던 날

회재고개
비탈길로
누님의 부음 넘어와

빈 고향 초록 들판에
가랑비를 뿌리다.

어머님도
아버님도
다 가시고 없는 집에

누님이
좋아하던
앵두 혼자 익어간다.

짙붉은 앵두 빛깔에
넘쳐나는 서러움.

## 곡우 일기穀雨日記

마른 논에 내리는 비
흙냄새 일어난다.
못자리 파종하고
건너오는 실개천에
초록빛 종다리 울음

뱊롱
뱊롱
뱊롱
뱊롱

# 제비꽃

이파리 하나라도 들킬까봐 웅크리고
풀 뒤에 숨어 읊조리는 자줏빛 저 고백을
가다가 쪼그려 앉아 하염없이 듣고 있네.

# 선물

고향 산 솔바람을 박씨처럼 물고 가서

작은 누님 무덤가에 총총히 심어놓네요.

첫 제사 선물 삼아서 솔향기도 담아가고.

여기 솔바람은 열무김치 맛이다, 야

부모님 유택 뒤로 산 뻐꾸기 울던 시절

누님의 그 말소리가 저녁달로 뜨네요.

# 어머님 말씀

산철쭉
가지마다
점점이
밝혀든 꽃등

봄바람에 묻어나는
진분홍 옛 이야기

고향을 잊지 말라는 어머님의 말씀이다.

# 미소 지킴이

미소가 등불처럼 고여 있는 아내의 입가
수삼 년 꽃 못 피운 동백나무 심고 싶다
미소를 자양분 삼아 꽃잎 활짝 피어나게

어렵게 피어난 꽃 온 계절 지지 않게
작은 내 관심에도 햇살 같은 아내 얼굴
행복한 아내 마음의 미소지킴이 되고 싶다.

## 선구자

눈보라
매섭다고
봉오리마다
숨죽일 때

칼바람에 심지 박아
꽃등 켜든
한 송이 매화

꽃술에
모여든 햇살
꿈을 이룬 저 환희

# 낮달

가을비 씻어놓은
아가의 뽀얀 볼에
엄마가 일 나가면서
뽀뽀뽀 하고 갔는가,
서둘러
찍어놓다가
일그러진 입술 자국.

햇살이 눈부셔도
방긋 웃는 아가 얼굴
초록별 이야기를
가슴 가득 품고 있네.
비단 강
노를 저어서
어디 멀리 가고 있나.

## 죽림竹林의 저녁

시詩 있고 술 있으면
내 집이 죽림竹林이지

바람에 씻긴 달을
맛있게 시詩로 깎아

아끼는 술친구 불러
술안주로 내놓다.

# 민들레 편지

대 그림자
창에 어려
문을 열고
나서다.

밝은 달에
마음 들켜
그리움이 떨려서

민들레 꽃술에 담아
연서戀書 하나 띄우다.

달빛 파도 타고
임의 창가에 떨어져

두견새
각혈咯血로
새순 하나 틔우리라.

임이야
나인 줄 몰라도
꽃으로 피려 하노라.

# 낙화

아름답게
손 흔들고 있다.
진종일 지는 벚꽃 잎들은

찰나를 불태우고서
바람에 날개 달아

가볍게 날아 떠나는
저 분분한
이별

이별

# 달맞이꽃

예닐곱 살 소녀의
투정처럼 피어나서

꽃잎마다 반짝이는
천 개의 달빛을 받아

그리움
안으로 익은
청청한 저 목소리

# 낙화 기행落花紀行

섬진강변 매화마을에
매화꽃이 반쯤 져서

진 꽃만큼
시든 바람에
한숨처럼 묻어 간 봄

제 눈물
젖은 가랑비
울음 모아 흐르는 강

2부

# 부처님의 날개

# 연꽃 밭에서

어제 본
천불전
천 분의 부처님이

연 밭에
천 송이
연꽃으로 피어나서

연화장蓮華藏 세계로 가는
좁은 길이 열렸다.

# 마애삼존불磨崖三尊佛

불이문不二門 들어서니 사바는 문 밖이라
연녹색 산 빛이 채운彩雲처럼 둘러서서
삼존불 풍성한 자비慈悲
밝혀들고 있구나.

바위에 새긴 미소 암심岩心으로 뿌리 내려
천 년을 깎아 내도 웃음은 못 지우고
어깨 팔 떨어진 조각만
세월 흔적 그렸네.

그 웃음 펴내다가 마음에 새겨 두고
잘 적 깰 적 떠올려도 닮을 수 없는 슬픔
오늘도 웃는 연습에
하루해가 저문다.

# 노승老僧

밤새워
독경讀經으로
살금살금 벗겨내어

솔바람 풍경소리
찬 이슬에 재웠다가

부처님
입가의 미소
동백冬柏으로 피웠다.

# 빗소리

가을 산 단풍 숲을 빗소리가 씻고 있다.
선방 문 반 쯤 열고 노송老松 같은 노스님이
빗소리 하나 둘 세며 마음을 비우고 있다.

비바람 쓸고 간 자리 남아 있는 잎새처럼
한평생 다스려도 삭지 않는 질긴 번뇌
빗소리 날을 세워서 한 줄기씩 베고 있다.

# 산사山寺

풍경은
자려는데
바람은 가만 두질 않네.

모란꽃
향기 담아
추녀 깃 스쳐 가면

땡그렁
풍경 소리에
일렁이는 만 겹 달빛.

# 법주사에서

일주문 들어서며
한 겹 옷 벗어버려
천왕문 지나가며
모든 허물 비워내도
부처님
앞에 서보니
버릴 것이 많아라.

절하며 뒤집는 손
욕심 가득 담겨 있어
불국의 평화보다
내 소망 먼저 빌어
부처님
자애론 미소
내릴 곳이 없어라.

## 극락교에서

시냇물은 서 있는데
다리에 선 나는 흘러간다.

공즉시색 색즉시공
목탁소리 눈을 뜨면

안개 낀 다리를 건너
손짓하는 사바의 마을

# 마곡사

극락교 건너서면
솔바람 풍경소리
향내 서린 잎새마다
불경 소리 담겨 있고
법계를
지키고 서서
침묵하는 오층 석탑

깨어진 돌부처에
염화미소 어리인 땅
잠 못 드는 노승의
천수경에 달은 지고
불심은
마곡천에 녹아
사바세계로 흐른다.

## 은적암

골 깊어 한낮부터
부엉이는 울어서

부엉이 울음 따라
송홧가루 날려서

담 없는 절 마당으로
산이 그냥 내려와서

여승은 염불하다
끝내는 걸 잊었는지

부처님은 웃다가
성내는 걸 잊었는지

저녁놀 익은 조각이
꽃비처럼 날린다.

# 영평사永平寺

바라밀경 한 소절이
구절초로 눈을 틔워

목탁木鐸 소리 한 울림에
한 송이씩 꽃을 피워

장군산
골짜기 가득
퍼져가는 저 범창梵唱 소리

# 태화산의 오월

오월 태화산이
소리의 베 짜고 있다.

연두 빛 목소리가
뭉클대는 등성이로

목젖은 두견새 울음
철쭉꽃에 녹아든다.

군왕대 맑은 지기地氣
솔바람으로 펴 올려서

마곡천 물소리에
염불가루 곱게 타서

돌부처 새겨진 미소
사바세계로 보낸다.

## 산화공덕散花功德

법당은 바람이 쓸고
내 마음은 부처님 눈빛이 씻고

절한다
산 뻐꾸기
놀자 절문 두드려도

벚 꽃잎 온 세상 가득
팔　　팔
　랑　　랑
팔　　팔
　랑　　랑

# 가교리

남가섭암 목탁소리 아침을 열고 있다.
철승산 솔바람에 향기처럼 번져 나가
불심이 깃든 집마다 어둠을 씻어내고 있다.

살구꽃 몇 송이로 근심을 지운 마을
대문 여는 아낙마다 햇살같이 환한 얼굴
눈빛에 보내는 웃음 된장처럼 구수한 정.

마곡천 수태극이 마을을 안고 돌아
흰 구름  한 조각에 무릉武陵보다  신비롭다.
건너뜸 다복솔 숲에 구구새 울음 날린다.

# 낚시질

큰물 지나 양어장의
잉어 탈출 소식 듣고
마곡천 맑은 물에 낚시 담가 기다리니
잉어는
아니 물리고
독경 소리만 퍼덕이네.

마곡사 큰스님 얼굴에
관음보살 겹쳐져서
낚싯줄 걷으려고 허리 구부리니
낚싯대
부르르 떨어
열사흘 달 일그러져.

잉어를 건져 올려
어망에 넣다 뺐다
제기랄, 욕을 하고 물속에 집어던지니
법열로
물맴 돌면서
번져가는 물무늬.

## 고축사

천수경 한 소절에
근심 맑게 풀리는 곳

부처님 마음이
가장 오래 머물러서

절 한 번
초 한 등에도
보응報應 흘러 넘치네.

# 폐사廢寺의 종

핏-빛 단풍이 타오르는 골짜기에
기와지붕 허물어져 비새는 절 추녀 끝에
썩다 만 조롱박처럼 매달린 종 하나.

오랜 세월 울지 못해 울음으로 배부른 종
소쩍새 울음으로 달빛으로 키운 울음
종 벽 속 꿈틀거리는 용암 같은 피울음.

이순 넘은 삶의 망치 꽝 하고 두드리면
산사태 몰아치듯 사바까지 넘칠 울음
종 채를 들었다 놨다 가을 해가 기우네.

# 마곡사 범종소리

마곡사 범종소리
법당 하나 짓고 있다.

여울물 물소리가
한 모금씩 물어 와서

사랑이
메마른 마음마다
독경 소리로 울리고 있다.

# 모란

모란꽃
모든 귀들은
법당 쪽으로만 기울어 있다.

불경소릴
들으려고
깃 세워 퍼덕이던

일념一念이
영글어 터진
저 간절한
날갯짓.

# 각성覺性의 가을

하루살이에 비하면 짧은 삶이 아니었네.
매미의 마지막 노래 초록 잎에 꽃물 들여
온 산이 활화산처럼 타오르고 있구나.

진다고 아주 지고 머문다고 아주 머무나
있음도 없음도 흘러가는 바람이라.
저 산불 꺼지고 나면 무욕無慾의 눈 덮이리.

## 일주문에 기대어

들어가면
바람 되고
나오면
티끌 되네.

바람도
티끌도
내 몸에는
안 맞는 옷

일주문 기대어 서서
그냥 허허 웃으려네.

# 보리수

아침에는 독경 소리 저녁에는 풍경 소리
법당 문에 귀 기울여 묵언 참선 하더니
깨달음 동그랗게 키워 초록 열매 달았다

내 안에 나를 익혀 서쪽으로 뻗은 가지
번뇌를 사르었다 법열이 타올랐다
황금빛 환희를 꿰어 염주 알을 엮는다

3부

# 재래시장에 부는 바람

# 중앙시장에서

— 시장 풍경 1

삶은
상점마다
색색으로 꽃을 피웠다.

꺾어지고
다시 피는
억척스런
사연들이

점멸등 깜빡거리듯
교차되는 중앙시장

## 사는 것 우울할 때
— 시장 풍경 2

사는 것 우울할 때
시장 길 걸어본다.
상품권 몇 장을
주머니에 찔러 넣고
홍 넘친 호객 소리에
온 몸을 묻어본다.

머리 고기 한 점에
막걸리 한 사발 들이켜고
알록달록 모자 하나
삐뚜름히 사서 쓰고
갈지자 걸음 걸으면
흥청거리는 장마당.

엊그제 백화점에서
못 산 그 옷 사서 입고
고등어 한 손을
왼 손에 묶어 들면
근심들 말끔히 지워져
어깨춤이 절로 이네.

# 주름살

— 시장 풍경 3

호박잎 두어 묶음
마늘 감자
서너 무더기

서둘러
달려가는
찬바람의 뒤꿈치에

할머니
얼굴에 파인
장마 뒤의
깊은 계곡

## 폐지 노인

— 시장 풍경 4

굽은 허리 웅크린 채
쩔쩔매는 저 할머니,

수퍼 집 박스 하나
몰래 훔쳐 실었다고

손수레 엎어진 채로
노인 하나 혼나고 있다.

아들은 누워 있고
며느리는 도망가고

어린 손자 연필 값에
손이 절로 움직여서

백 원 쯤 박스 하나로
만 원어치는 혼나고 있다.

# 비둘기

— 시장 풍경 5

눈 녹는 시장 골목
비둘기는
맨발이다.
신발 전 털신 한 짝
사 신기고 싶구나.
종종종
서둘러 가는
머리 위엔 하얀 눈발.

하루 종일 찍어 봐도
허기진 건
숙명이다.
싸전의 주인은
쌀알 한 톨 안 흘리네.
구구구
나직한 신음
핏빛으로 깨진 평화.

# 천수만에서

언젠가 숨 쉬는 것도 귀찮은 날이 오거든
생명줄 잘린 채로 억척스레 살아가는
천수만 날갯죽지에 삶의 한 조각 실어보게.

세상으로 나가는 길이 사방 온통 막힌 남자
신생대부터 이어오던 리아스식 호흡들이
어느 날 흙 몇 삽으로 꽁꽁 묶여 버린 남자.

하늘빛 꿈 잃었다고 주저앉으면 남자더냐.
사니질沙泥質 아랫도리에 새조개를 살게 하고
품 열어 오지랖 넓게 철새 노래 키운다.

바람기 많은 남자 중에 천수만이 제일이다.
가창오리 흑두루미도 품었던 품속에서
유유히 노랑부리저어새 털가슴을 고르고 있다.

누가 알리 갈적색 썩어가는 핏물 아픔
비 오는 날 갈대밭에 출렁이는 속울음을
해 뜨면 맑게 씻은 눈 속 깊은 저 아버지를.

## 비명

영산홍꽃 피어나는
출근길
계룡로

문득 차 밑에
깔려드는 고양이

달리는 차창 안으로
쫓아오는
야옹
야아-옹!!

## 동행同行

누군가 새벽 산길
혼자 넘은
외발자국

그의 삶에 기대면서
그의 마음 밟고 간다.

외로운
눈길에 깔아놓은
털옷처럼 따스한 정.

닫은 문 귀를 열면
앞서 간 이
내미는 손

어디선가 밀어주는
함성 소리 밟고 간다.

고갯길 막막하여도
인생은 동행同行이다.

# 기다림

막차는
휭 하니
바람만 뿌리고
지나간다.

가슴속에서 무너지는
섬광
하나

건너 뜸
개 짖는 소리
몸을 떠는 늦저녁 달

# 빈집

봄 햇살 사운대도 대문은 굳게 닫혀

울안에 혼자 사는 살구꽃 꽃가지만

아무도 보는 이 없이 목청 돋워 피었네.

# 삼팔선

산줄기 갈라 뻗은
대진 고속도로 옆

건넛산 새끼 그리워
넋 잃은 어미 고라니

몽롱한 눈동자 속에
피어오르는 회색구름

밤마다 꿈속에선
바람에 날개 달아

그리움 매듭 풀어
해후邂逅의 눈물 뿌렸지만

새벽녘 꿈 깨어 보면
건널 수 없는 삼팔선

## 여백

벽을 비워 놓았더니
산이 들어와 앉아 있다.

꽃향기
골물 소리
집안 가득 피어난다.

채우고 채워진 세상
하나 비워 얻은 평화

# 여름 끝 무렵

국화꽃 멍울 부품도
가슴 저린 일이어니
분주한 고추잠자리
이고 있는 하늘 가로
손 털고 일어나 가듯
미련 없이 가는 여름

잠 깬 바람 여울목에
쓸려가는 뭉게구름
홍 파한 계곡마다
돌 틈 가득 쌓인 공허
보내는 마음 허전해
눈시울 적셔보네.

# 2016년 산골 마을

퀭한 골목
무너진 담
듬성듬성
불 꺼진 집

꼬부랑
할머니
혼자
고샅길
걸어가서

쾅쾅쾅
대문 두드려도

깨어날 줄
모르는
마을

## 까치

몸 하나 뉠 만큼
알 하나 품을 만큼
미루나무 꼭대기에
오막살이 지어놓고
"깍깍깍 사랑한다"고
고백하는 저 까치.

백 번을 들어도
싫증나지 않는 소리
바람 숭숭 뚫린 집에
밤하늘 별이 새도
"깍깍깍 나도 사랑해"
깃을 펴는 저 까치.

## 하회탈

이노옴, 호령해도 입 꼬리에 미소 일어

봄 호수에 물결 지듯 이랑이랑 번지더니

하회탈 온 얼굴 가득 햇살웃음 익었다.

지워도 날이 서는 아픔을 다독이며

질펀한 농 마당엔 신분도 수유須臾인 걸

한세상 홍타령으로 슬픔 맑게 씻은 얼굴.

## 우수憂愁

그대에게 다가가는 길은 끊어지고
오늘따라 어둠은 장막처럼 가로막아

창문에
비친 불빛만
바라보며 서 있다.

# 봉숭아

비 온 후
우우우
꽃들의 진한 함성

팬지, 데이지, 사루비아
화단의 앞줄에 서고

봉숭아 뒷방 할머니처럼
풀 사이에 숨어 폈다.

모종삽에
담뿍 떠서
맨 앞줄에 세워 본다.

남의 땅에 혼자 선 듯
잔가지가 위태하다.

제 땅을 모두 잃고도
분노할 줄 모르는 꽃!

# 뜸부기

저녁노을
한 모금씩
물고 와서
뱉어내어

자운영꽃 속울음을
텃논 가득 뿌려놓고

온 봄내
끓는 피 데워
몸을 푸는 뜸부기

# 인동초忍冬草

세월이 허물고 간 산 밑 빈 집 담 자락에
인동초忍冬草 꼭지마다 주렁주렁 매단 적막
그리움 안으로 익어 하얀 꽃을 피웠다.

우측으로 감아 가면 정든 얼굴 떠오를까
대문 닫힌 긴 겨울을 초록으로 견딘 아픔
기다림 눈물로 삭아 노랗게 꽃잎 바랬다.

임자 없는 몸이라서 사연 더욱 만발했나
소쩍새 울음에도 반색하며 떨고 있다.
벌 나비 담아가다 만 향기 자욱히 퍼진다.

# 돌탑

매미 울음 한 소절을
돌에 심어 쌓아놓고

매미처럼 진한 염원
노래로 녹여내어

온 여름 산을 울리는
돌탑으로 솟았다.

4부

# 내 사랑, 나의 조국

## 노을

어머님이 깔아주신
아랫목 이불인가

겨울날 시린 맘으로
고향길 들어서면

살며시
마중 나와서
적셔주는 노을

노을

## 정화수

부엉이 소리에 놀라 잠을 깨면
이지러진 새벽달빛 창호지에 창백하고
찢어진 문틈으로 보던 어머님의 합장한 손.

한 대접 정화수에 밤하늘 별을 담아
새벽녘 꿈을 헹궈 자식들 복 비는 마음
살포시 지은 미소에 성스러운 그 눈빛

소쩍새 울음 따라 꽃신 신고 가셨어도
인생 길 어두운 밤 문득문득 밝혀주는
정화수 대접에 담긴 어머님의 큰 사랑

# 독도獨島

그리움의 높이만큼
해당화 등 하나 켜고
피멍울 속울음을
파도에 갈고 갈아
대양의 폭풍우 향해
질긴 날을 세운다.

근심 맑은 바위틈엔
갯제비쑥 섬초롱꽃
바람 잘 날 없는 가슴
사념思念들을 키우면서
언제나 눈 부릅뜨고
동쪽 바다를 지키고 있네.

먼 수평 하늘가에
흰 돛 한 폭 나부끼면
설렘을 먼저 알고
날아오르는 갈매기 떼
사랑은 사치이로세.
마음 다시 다잡는 섬….

## 현충일 애상哀傷

묵념의
나팔소리
꿈결 같은 현충일

물젖은
할아버지
눈동자에 도장 찍힌

아파트
한 동에 걸린
태극기
오직 하나

## 성城

돌 틈마다 세월의 무게가 돌이끼로 덮여있다.

깨어진 기왓장에 박혀있는 삶의 무늬

시간이 스쳐 온 자리 스며있는 눈물과 한숨

무너져도 일어서는 분노를 다독이며

단심丹心 의혈義血이 꽃처럼 지던 그 날

함성이 떠난 자리에 흰 구름만 떠도네.

무엇을 깎아내려 밤새도록 쏟아 붓던

비바람 지나간 성터 수목 빛이 더욱 곱다.

역사는 지우려 할수록 더 파랗게 살아난다.

## 산방 사계山房 四季

산 벚꽃 폭죽처럼 터져오는 산기슭을
담채화淡彩畵 두어 폭에 담뿍 담아 걸었더니
화향花香이 봄 다 가도록 집안 가득 떠도네.

베개 밑 골물소리 꿈 자락에 묻어나서
근심 빗질하여 바람 속에 던져두고
기름진 잠결에 취해 여름밤이 짧아라.

용소龍沼에 가을 달이 집 틀어 누웠기에
병 속에 물과 달을 함께 길어 두었더니
아침에 햇살 비추니 단풍산도 따라왔네.

선계仙界에 덮을 것이 무엇이 남았다고
검은 이불 걷힌 아침 하얀 속살 드러낸 산
세상으로 나가는 길이 지워지고 없구나.

# 귀향歸鄕

옛집 앞 고샅 걸으니
세월만큼의 무게도 없다.
아이들 목소리
넘쳐나던 담 머리에
실각시 잠자리 혼자
오수에 젖어 있다.

만나는 사람마다
머리에 눈을 이고
반기는 웃음마다
가는 실금 어리었다.
빈 골목
퀭한 바람에
눈물 적시는 저녁놀

# 내 사랑 보문산

비 그치자 보문산이 봄 화장을 하고 있다.
골안개 분칠하는 산기슭 따라 돌며
바람은 실가지마다 붉은 연지 찍고 있다.

잘 익은 초록빛이 온 도시를 다 씻는다.
고촉사 목탁소리에 불음佛音이 묻어나서
도시의 모든 귀들이 산 쪽으로 열려 있다.

아픔도 삭혀내면 사랑으로 익는 것을
온 산 자락마다 흐드러진 저 단풍아
누구의 눈물을 모아 꽃처럼 붉었느냐?

마음이 어지러운 날 창문을 열고 보면
시루봉 앞이마가 백설로 정결하다.
마음이 빗질 되어서 콧노래로 돋는다.

# 가을 편지

계룡산 산행 길에
단풍잎 하나 따서
아내의 화장대에
몰래 올려놓았다.
아내를 사랑한다는
내 가을 편지이다.

얼핏 연 책갈피에
내게 보낸 연서戀書 한 장
곱게 말린 단풍잎에
배어있는 따스운 정성
아내도 날 사랑한다는
홍조 어린 답신答信이다.

## 가정

문 열면 안겨오는
아내의 웃음꽃다발

곤두섰던 털 재우고
바람 묻은 외투를 벗으면

내민 손
반가운 눈빛에서
일어서는 봄 햇살

# 어머님 제삿날

까치소리 몇 소절이
살구나무 꽃눈을 쪼더니
해질녘 빈 가지에
두세 송이 꽃등 밝혀
어머니 젖은 목소리
화향花香으로 오시다.

지방紙榜에 웃음 묻혀
병풍 아래 모셔놓고
살아생전 못 드시던
떡 과일 가득 차렸지만
향불이 다 사위도록
줄어들 줄 몰라라.

빛바랜 추억담을
갱수 말아 마시면서
벽 위에 걸려있는
초로 적 고운 사진
보아도 또 바라봐도
돌아갈 수 없는 세월.

# 돌무덤

애동솔 숲 돌무덤에
자줏빛 도라지꽃
육이오 사변 통에
하늘 가신 형님 모습
두견새 목청을 빌어
밤새 울어댑니다.

눈 가만 감으시고
형님 얘기 하실 적에
입가엔 웃음 짓고
눈 가엔 이슬 맺혀
피멍울 끌어안고서
평생 사신 어머님.

치마끈에 달랑대던
고사리 손 그리워져
돌무덤 곁 지날 때엔
눈 감고 걸으시던
어머님 아린 가슴에
뽑혀지지 않는 대못.

# 단풍

얼마 남지 않은 삶을
뜨겁게 사르려고

가슴 깊이
묻었던 사랑
모닥불로 피워 올려

피울음
끓는 아우성
온 세상을 태운다.

# 까치밥

설익은 그리움이
하늘 끝에 매달려서
저녁놀 익은 빛을
한 올 두 올 빨아들여
외로운
감나무 끝에
홍등으로 밝혔다.
울다가 목 쉰 까치
한 입씩 쪼아 먹고
아픔으로 피를 말려
빈 껍질만 남아있는
까치밥
마른 살점에
겨울바람 휘돈다.

## 방포의 새벽

바람이 잠을 깨어 새벽 바다를 건너간다.
바람의 뒤꿈치에서 일어서는 파도 소리
천 개의 물이랑마다 반짝이는 그믐달빛

혼곤한 꿈을 열고  파도 소리 들어와서
어지러운 꿈을 깨워 새 하루를 빚어놓네.
고요 속 누웠던 열기 술렁술렁 일렁이고.

나는 누구인가 바다에게 물어보니
일찍 깬 갈매기만 무어라고 지껄이네.
바다야, 답 아니 해도 네 할 말 나는 알고 있다.

# 동반자

아내가 발 틀리면 내가 발을 맞춰주고
내가 발 틀리면 아내가 발 맞춰주고
큰소리 다툼 하나 없이 인생길을 걷는다.

둘이 하나 되어 마음 맞춰 살다 보면
사랑만도 부족한데 미워할 새 어디 있나.
홍타령 어깨동무로 세월 고개 넘는다.

# 사랑과 믿음

아이들 혼인날 아침 마음 씻고 비는 것은
사랑의 날실과 믿음의 씨실을 엮어
결 고운 비단결 같이 삶을 펼쳐 가라는 것,

안 보면 보고 싶고 보아도 또 보고 싶게
마음의 꽃술 열어 사랑의 꿀 채우거라
큰 그늘 드리우지 않게 눈을 떼지 말거라

몇 억 겁을 헤매다가 청홍실로 묶였는가
작은 의심 키우다가 인연의 줄 끊지 말고
믿음의 울타리 안에 화락和樂한 삶 이루기를….

손잡고 걷는 길에 고개 어찌 없겠는가
남편이 발을 삐면 내 살처럼 아파하며
아내가 주저앉으면 등에 업고 가라는 것.

## 장다리골

머리채 긴 솔바람이
골목길 쓸고 간 후
집집 텃밭마다
장다리꽃 등 밝히다.
꾀꼬리
목소리 빛으로
눈부시던  그 꽃밭

지금은 장다리골
봄이 와도 꽃은 없고
꾀꼬리 꽃 부르던
목소리도 사라지고
고샅길
꼬불꼬불 돌아
경운기만 가고 있네.

## 등꽃 아래서

한 몸처럼 서로 꼬아
사랑을 확인하고
붙안아 틔운 정을
불씨로 피워 올려
보랏빛
약속으로 타는
초여름의 저 불꽃

등-꽃 아래에서
사랑을 삭혀내어
꽃바람에 날개 달아
향기로 담아 날리자.
갈등葛藤에
속 타는 사람
눈물자국 지워주자.

## 고향

아이들 웃음소리
넘쳐나던 고샅 머리

밤하늘 별빛 새는
까치집 위의 적막

가섭암 목탁소리만
다독이고 있구나.

5부

# 기억의 저 편

# 징검다리

큰물 지고나면 앞니 빠진 개구쟁이 되어 계집애들 울리던 학교 길 징검다리

건너뛸 수 있는데도 물에 첨벙 빠진 후에 새침데기 복자에게 살며시 다가가서 등 살짝 내밀며는 능금모양 낯붉히고 업혀오던 징검다리

오십 년 후딱 지났어도 그 자리에 서면 금방 핀 풀꽃처럼 언제나 싱싱한 설렘이여!

## 운동화

소 뜯기러 뒷산에 갔다 놀란 소 때문에 새신 찢어먹고

가슴이 콩닥콩닥 얼굴은 화끈화끈 쇠줄 집어던지고 산등성이 왔다 갔다 죄 없는 등걸 발길로 차며 벼락같이 소리도 지르다가 해 다 기울도록 산 못 내려오는데, 마중 나온 아버지 보고도 못 본 척하고

댓돌에 운동화 한 쌍, 눈물 왈칵 쏟게 하던 아침 등굣길.

## 닭서리

친구 부모 원행 간 집 동네 조무래기 모두 모여,

가위 바위 보로 술래를 정해 닭서리를 하였는데, 암탉, 수탉 서너 마리 가마솥에 푹푹 삶아 미친 듯이 뜯다 보니 백골만 다 남았네.

아침에 닭장에 가신 어머니 비명소리에 산산이 혼백 흩어지던 어느 겨울날.

## 매미 소리

사탕 하나 입에 물고 예닐곱 개는 양 손에 갈라 쥐고

휘파람 불면서 목 빳빳이 세우고 갈지자걸음으로 천천히 고샅길 맴돌 적에 창현이, 천용이, 희수, 윤현이, 순옥이, 영숙이, 희순이, 희원이, 종환이, 동현이, 현자, 희익이, 학근이, 종순이 등등 일 개 소대 침 질질 흘리면서 비칠비칠 따라오며 기죽은 눈길로 내 양손만 뚫어질 듯 바라볼 때

내 마음 깊은 울안에 천둥치듯 일어서던 아! 저 백만 마리 매미 소리.

# 찔레꽃

삘기 찔레 꺾어 먹다 소쩍새 소리에 허기져서

삶은 보리쌀 소쿠리에서 반 수저씩 훔쳐 먹다, 에라 모르겠다 밥보자기 치워놓고 밥주걱을 가져다가 열댓 번 퍼먹으니 밥소쿠리 다 비었네. 서녘 산 산 그림자가 성큼성큼 내려올 때 일 나갔던 아버지 무서워 덤불 뒤에 숨어 보던

창백한 낮달 같은 얼굴 하얀 찔레꽃

# 고무줄

계집애들 고무줄 하는데 심술쟁이 희수란 놈 시침 떼고 다가 가서 고무줄 뚝 끊어놓으면

모두들 어이없어 동작 뚝, 흐르는 적막, "저 씹할 놈이", 상순이 년 욕 소리에 희수를 향해 몰려들 가는데, 봉자 년은 막대 들고 경자 년은 돌멩이 들고 용화 년은 신발 들고, 운동장은 개판

온종일 도망치려면  자르기는 왜 잘라.

# 갈대

어릴 때 띄워 보낸
그리움의 씨앗들아!
대양大洋을 떠돌면서
내 마음 못 전하고
하구河口에 주저앉아서
갈대꽃으로 피었구나.

아쉬움이 고여서
젖어있는 습지濕地 머리
삭히고 씻은 말들
솜털처럼 내두르며
삭풍에 시잇 시이잇
온몸으로 울고 있다.

육십 년을 목청 돋워
날 부르고 있었는가.
실처럼 가는 목이
된바람에 애처롭다.
철새들 한 입 물었다가
뱉어내는 목 쉰 외침.

## 이순耳順

지난 세월 화단 안에
고운 일만 모종하고
조금 남은 빈 터에
심을 것을 그리다가
첫 단풍
물들던 날에
모종삽을 놓았지.

새 나무를 심기보다
심은 나무나 잘 키우자.
욕심은 묽게 풀어
세월 밖에 던져놓고
식은 해
온기를 모아
시린 세상 밝혀보자.

작년에 본 굽은 나무
올해 보니 또 새롭다.
잔가지 자를 때도

망설이고 또 망설여,
미운 것
예쁜 것들을
구별 않고 보는 나이

# 아우성

늦가을 아침
산의 속살 더 정결하게 드러난다.

긴 여름 들끓던 폭염
가둬 키운 단풍 한 잎

마지막
못다 한 사랑
불태우는 아우성

# 나박김치

설날 아침 떡국 먹다 나박김치 국물에
엄마와 함께 보던 노을빛이 떠올라서
한 수저 남겨놓고서  눈에 이슬 내려라.

# 키질의 법칙

가벼운 검불들 새처럼 날아가고
무거운 알곡들만 사락대며 남아있다.
어머니 키를 까불 때 변치 않는 법칙이다.

머리 헐고 코 흘리고 지독히 말 안 들어도
어머니 가슴 속에 우리 남맨 알곡이다.
키에서 벗어달 때면 불을 켜고 찾는다.

## 세월

가을 마중하러
계룡산도 못 가 보았네.

얼룽이는 삶의 무늬
취해서 살다 보니

가로수
잎 진 가지에
칼바람이 앉아 있네.

출퇴근길 은행잎에
가을 벌써 삭았어도

낯익은 풍경이라
세월 자취 모르다가

꿈 깨어
이만큼 와서
눈물 한  모금 삼켜 보네.

# 홍시

누군가
핏빛 소망
불꽃으로 피워 놓았나.

칼바람에 갈고 갈아
심지만 남았다가

하늘의
무게에 눌려
반짝 하고
타는 말씀.

## 청하계곡에서

솔 사이로 새는 별을
소주잔에 동동 띄우고

보름달 곱게 깎아
떡갈잎에 한 조각 싸서

임 한 잔 마실 때마다
입에 넣어 주는 밤

산은 바람을 불러
가락을 연주하고

물은 하늘을 담아
별 세상을 꾸며주네.

임과만 둘 있는 세상
시간마저 멈춘 계곡

# 시나위

젓대 해금 향피리에
장구 징 따라 울면

살풀이 춤 하얀 수건
하늘은 출렁이고

땀 젖은
애달픈 소망
머문 눈길에 익어있다.

피리 소리 잦아들다
목메어 찢어지면

장구  가락 마디마다
무슨 한이 그리 깊어

휘도는 치맛자락이
멈출 줄을 모르는가.

# 눈길

아버님 제삿날 저녁 때늦은 춘설春雪로
눈꽃 곱게 피어난 연미 고개 넘으면서
눈꽃 속 아롱거리는 아버님 모습을 본다.

개학 전날 폭설暴雪로 교통이 두절되어
오십 리 넘는 공주公州 아들 혼자 가는 길에
마음이 애틋하셔서 따라 나선 아버지.

눈보라 칼바람에 온몸 꽁꽁 어서서
우성 지난 길가에 주저앉아 떨면서도
내 옷깃 여며주시던 모닥불 빛 그 손길

금강 건너 도심都心에 한 등 한 등 켜질 무렵
"네 덕분에 먹고 싶던 짜장면 먹는구나."
허기진 젓가락 들어 덜어주던 아버지

이제는 짜장면 천 그릇도 살 수 있네.
짜장면 잡숴주실 아버님이 안 계시네.
봄눈은 풍요로워도 눈물 어려 허전한 길.

# 속울음으로 곡을 하다

— 엄기환 화백의 죽음을 슬퍼하며

부음訃音은 안개처럼
내 마음을 헝클어놓았다.

사는 것
하나하나가
그림 같던
멋진 아우

고향에 아우가 있어
해질 무렵엔 가고팠는데…

붓질 한 획마다
살아나던 눈부신 세상

층암절벽
왕소나무
천 길 폭포
물소리

그림을 그리다 말고
왜 그리 서둘러 가셨는가.

# 소나기

당신이 왔다 가니 도심都心이 맑아졌네.

시루봉 산정山頂이 이웃처럼 가깝구나.

번개로 찢어버리고 다시 빚은 세상아

## 황사黃砂

제주에서 날아올라 청주 공항 오며 보니
바다도 산도 마을도  황사에 잠겨 있다.
봄 물기 오른 산하가 딸꾹질을 하고 있다.

옛날부터 찾아오던 봄 불청객 고비 황사
대륙의 찌꺼기에 독기까지 배어 있다.
뻐꾹새 울다 목메어 자지러진 회색 빛  숲.

집집마다 창 내리고 앞산도 멀어지고
비질 된 골목처럼 비어가는 반도의 거리
일찍 핀 나뭇잎들만 분 바르고 서 있다.

## 퇴임退任 이후

한 삶에서
벗어나 다른 삶으로 건너가기는
이웃마을 마실가듯
편한 일은 아니다.
익숙한 옷들을 벗고
눈발 아래 서는 일이다.

남의 눈에
띄지 않게 밤으로만 비틀거리며
지난 세월 실을 뽑아
새 날의 그물을 짜며
또 한 발
못 가본 바다에
생生의 기旗를 세운다.

## 주홍 발찌

솔처럼 살겠노라
황사 짙은 세상에도
심층 모래밭에
난초 한 촉 심어놓고
어둠의 중심을 향해
꽃등 하나 켜들려 했지.

청청한 내 생生 위에
벌레 하나 숨어 커서
깊은 산골 물소리로
닦아내지 못한 얼룩
진주홍 지워지지 않을
발찌 하나 채운다.

# 호박

비탈 밭 마른 덩굴에
호박 혼자 늙어간다.

씨 뿌린 할마시는
오는 걸 잊었는가.

마을로 내려가는 길
망초 꽃만 무성하다.

# 시조 쓰는 이유

내 행복
듬뿍 풀어
시조 한 수 빚는다.

툰드라의 가슴마다
햇살 씨앗 깊게 심어

벌 나비
날갯짓하게
봄꽃 가득 피우려고.

■ 작품해설

# 자유성에 깃든 절제와 균형의 시조미학

— 엄기창 시조세계

권 갑 하

(문화콘텐츠학 박사, 한국문인협회 시조분과 회장)

## 1

시조時調에 대한 일반의 인식은 여전히 낮은 편이다. 시조를 쓴다고 하면 아직도 창唱을 한번 해보라는 말을 들을 정도다. 시조창이 이렇게 일반에 강하게 인식되고 있는 것은 18세기 전후 국민적 인기를 누린 데 따른 결과이지만, 노래와 분리된 현대시로서 시조를 창작하는 시인들로서는 곤혹스러운 현실이 아닐 수 없다.

오늘날 시조에 대한 인식이 낮은 또 다른 이유는 서구 문화에 매몰된 20세기 근대화의 역사와 무관하지 않다. 우리는 근대화 과정에서 중국의 한시만을 '시'라고 불렀던 조선시대 사대적 역사를 청산하지 못한 채 또다시 서구에서 들여온 자유시만을 '시'라고 부르는 어처구니없는 오늘을 살고 있다.

언제부턴가 시조를 창작하지 못하면서 어찌 이 땅의 시인이라 할 수 있겠느냐는 자성과 비판의 목소리가 일기 시작했다. 꼭 그 때문만은 아니겠지만, 자유시만을 창작해오던 시단의 중견 시인들이 시조를 창작하기 시작했다. 이러한 현상은 세계화를 경험하면서 우리 것에 대한 가치를 새롭게 인식한 결과이기도 한데, 어찌됐든 우리 스스로 폄하하고 외면했던 시조를 다시 읽고 쓰는 현실은 고무적이다.

시조와 관련해 또 하나 짚고 넘어갈 문제는 자유시단에서 일고 있는 변화의 흐름이다. 폭력적 이념이 문단을 지배하던 1970~80년대를 지나 1990년대 들면서 신서정이 유행했는데, 이에 대한 반발로 등장한 시 경향이 젊은 세대 중심의 '미래파' 시였다.

이들은 기존 시인들과 다른 감수성과 시학으로 중언부언과 리듬의 소멸 등 도대체 뭔 소리를 하는지 모르는 난해한 시를 창작했는데, 이에 반발해 등장한 것이 '극서정시' 운동이다. 근본적으로는 독자들이 시를 외면하는 불안감 속에서 나온 현상이지만, 겉으로 드러나는 논쟁의 핵심은 '산문적 장시'를 추구하는 젊은 시인 중심의 미래파와 '응축의 짧은 시'를 지향하는 중견 원로 중심의 극서정시 계열의 대립이었다. '극서정'과 '탈서정'의 이러한 대립은 어떤 '이즘'의 충돌이라기보다 디지털과 모바일 시대라는 새로운 시대 환경에 적응하려는 시단의 몸부림으로 읽혀진다.

논의가 여기에 이르면, 극서정시는 결국 45자 내외의 짧은 시양식인 시조와 만나게 된다. 짧으면서도 좋은 시 창작은 나름의 서정과 운율, 시적 긴장 구조를 내재해야만 가능해진다는 점에서 짧은 시의 지향은 결국 최적화된 시의 그릇으로 빚어진 시조의 특장을 무시할 수 없을 것이란 관점에서다.

인터넷이나 모바일 상에서 5~6행 정도 읽으면 페이지를 넘기는, 짧은 시가 선호되는 시대의 도래는 그런 점에서 시조에게는 더없이 좋은 기회로 인식된다. 앞으로의 예술은 갈수록 양식의 복합화, 종합화 경향이 심화될 수밖에 없다는 점에서 시조는 자유시보다 용이하게 새로운 시대에 적응할 수 있는 시 형식적 인자를 지녔기 때문이다.

환경이 이렇게 변화하고 있음에도 아직도 많은 사람들은 일본의 정형시인 '하이쿠'엔 솔깃해하면서 우리의 정형시인 '시조'는 외면하는 문화적 자긍심이 결여된 태도를 보이고 있음은 안타까운 일이 아닐 수 없다.

## 2

청라淸羅 엄기창嚴基昌 시인은 시조와 자유시를 함께 창작하는 시력 40여년의 대표적인 이 땅의 중견 시인이다. 그런 그가 이번에 시조집 『봄날에 기다리다』를 상재한다. 시조와 자유시를 넘나들며 끊임없이 시혼을 불태워 오고 있는 엄 시인의 남다른 창작열에 후배 시인으로서 절로 고개가 숙여진다.

엄 시인은 특히 자유시에서도 짧은 시를 지향하는 시인이란 점에서 그의 시세계는 주목된다. 굳이 시조라는 시 형식을 빌

리지 않더라도 그의 시는 기본적으로 절제와 함축, 균형의 미학을 유감없이 보여주고 있다.

바다가 어디
깊은 산골 맑은 물만 받아
저리 맑은가

끊임없이 황하黃河를 가슴에 품고서도
씻고 또 씻어

바다는 금방 하늘을 닮는다

—「바다」 전문

제 3시집에 발표된 「바다」는 짧지만 깊은 깨달음을 주는 작품이다. 끊임없이 탁한 황하를 가슴에 품지만 바다는 금방 푸른 하늘을 닮는다는 진술은 속세를 살아가는 사람들에게 깊은 울림을 던진다. 여기에 '씻고 또 씻어'라는 자기 정화와 극복의 자세는 고결한 선비의 품격을 표출한다. 군소리를 최대한 줄인, 뼈를 깎는 절제와 함축 속에서 폭발력 강한 이미지를 선명하게 만들어내고 있다.

짧은 시 창작은 말처럼 쉽지가 않다. 어쩌면 짧은 시를 쓸 능력이 안 되기 때문에 대부분의 시인들이 길게 쓰고 있다고 해도 과언이 아닐 정도로 좋은 짧은 시 창작에는 남다른 관조와 직관, 절차탁마의 장인 정신이 요구된다. 엄 시인이 40여 년의 긴 시력에도 불과 네 권의 시집을 출간하는 과작의 여정을 보이고 있는 것도 어쩌면 시인의 이러한 시정신과 무관하지 않을 것이다.

시인은 그동안 간결하면서도 명징한 이미지의 서정적 작품들을 다채롭게 선보였다. 첫 시집 『서울의 천둥』(시문학사, 1993)에서 향토적 서정에 바탕을 둔 결 고운 서정을 직조해냈다면 두 번째 시집 『가슴에 묻은 이름』(오늘의문학사, 2004)에서는 선자先慈에 대한 곡진한 사랑을 승화된 언어로 노래했다. 세 번째 시집 『춤바위』(2014, 오늘의 문학사)에 이르러서는 한 단계 부활하는 시의 경지를 보여주었다.

「절제와 스밈의 시학」(조재훈), 「눈부신 서정과 맑은 향기」(리헌석), 「원숙과 정예의 파노라마」(조남익) 등으로 조명된 시인의 시세계를 통해서도 엄 시인의 빛나는 문학적 성취를 확인할 수 있다. 특히 조재훈은 언어의 경제 원리를 모범적으로 보여주는 시인으로 절제와 응축의 미학이 돋보이며, 견고한 시적 구조에도 자연 친화와 미세한 것에 대한 애정, 삶의 내면 투시 등 남다른 스밈의 친화력을 지녔다고 엄 시인의 시세계를 극찬했다.

일반적으로 문학 작품에 대한 평설은 내용을 중심으로 전개된다. 하지만 시조의 경우 내용 측면만 다룰 경우 정형시로서의 형식 미학을 간과할 수 있다. 과잉과 일탈의 자유시가 범람할수록 정형의 시조가 지닌 미적 의의와 가치는 주목받게 되어 있다. 그런 점에서 정형시에 대한 올바른 이해와 매력 강화는 매우 중요한 의미를 갖는다. 실제 백일장 등에서 시조 작품을

심사하다 보면, 시조 형식에서 벗어난 작품을 상당수 만날 수 있다. 이는 시조 형식에 대한 교육과 해설이 제대로 뒷받침 되지 못한 탓이 크다 할 것이다.

현대시조의 형식적 조건은 3장 6구 45자 내외로, 각 장은 4음보로 구성되며, 종장의 첫 구는 3 · 5음절로 엄격히 제한된다. 그러나 이러한 형식적 조건만으로 좋은 시조의 충분조건을 갖추었다고 말하기는 어렵다. 좋은 시조가 되기 위해서는 묘사와 진술이 조화로운 원리 속에서 특히 종장에서 반전이나 승화, 비약 등의 의미적 전환이 크게 일어나야 한다. 이런 요소들이 제대로 작동되지 못할 경우 외형은 시조지만 시조로서의 매력을 발휘하지 못하게 된다.

이러한 논의를 바탕으로 다음 작품을 통해 엄기창 시조의 형식 미학과 표현 감각을 살펴보기로 한다.

솔 사이로 새는 별을
소주잔에 동동 띄우고

보름달 곱게 깎아
떡갈잎에 한 조각 싸서
임 한 잔 마실 때마다
입에 넣어 주는 밤

산은 바람을 불러
가락을 연주하고

물은 하늘을 담아

별 세상을 꾸며주네.

임과만 둘 있는 세상
시간마저 멈춘 계곡

—「청하계곡에서」 전문

2수로 짜인 이 작품은 초·중장의 시상 전개와 종장의 응축적 전환이 균형 있는 조화를 이루고 있다. 초·중장이 경景의 세계인 감각적 구체에 가깝다면 종장은 의미를 부여하는 정情의 세계로 집약되고 있다. 초·중장이 열림의 세계라면 종장은 포괄적인 닫힘의 미의식을 창출한다. 무엇보다 이 작품은 감각적 표현이 돋보이는데, 특히 동적인 이미지가 작품에 활력을 불어넣고 있다. 어느 한 부분도 율격에 걸림이 없고 군더더기가 없는 동과 정, 감각과 관념, 펼침과 전환이 응축과 절제로 형상화되고 있는 완성도를 보여주고 있다.

엄기창의 시조는 이렇게 응축과 절제의 전통미학과 현대적 리얼리티를 동시에 구현하는 현대시조의 보편적 창작 원리를 잘 보여주고 있다. 흔히 지적되는 고답성에서도 훌쩍 벗어나고 있다. 소위 '편안한 시조'를 지향하면서도 시조의 정체성과 리듬감을 잃지 않는 미덕을 이 작품은 보여주고 있다. 정형의 속박에서 벗어나 현대 자유성을 수용한 장의 구분이나 장 내의 분절도 다양하게 변주되고 있다.

## 3

엄기창 시조집 『봄날에 기다리다』는 대부분의 작품이 단수 또는 2수로 구성된 데서 짧은 시를 지향하는 시인의 시 정신을 읽을 수 있다. 이러한 시세계는 타고난 선비적 품성에다 평생을 교육자로 살아온 삶의 방식과도 닮아 있어 신뢰를 더한다. 「여백」은 시인의 이러한 시 정신을 엿볼 수 있는 대표적인 작품이다.

벽을 비워 놓았더니
산이 들어와 앉아 있다

꽃향기
골물 소리
집안 가득 피어난다

채우고 채워진 세상
하나 비워 얻은 평화

—「여백」 전문

시인은 비움의 미학을 지향한다. 벽을 비우니 산이 들어오고 그 속에서 꽃향기와 골물소리를 누리는 세계는 자연동화의 한 경지다. 이러한 정신은 "강산은 들일 데 없으니 둘러두고 보리라"고 노래한 면앙정 송순의 자연 순응과 안분지족의 삶을 닮았다.

그렇다면 이러한 시정신의 사상적 토대는 무엇일까. 바로 불교적 사유라 할 수 있다. 시인은 천년고찰 마곡사가 있는 마을에서 태어나 "아침에는 독경소리 저녁에는 풍경소리/ 법당 문에 귀 기울려 묵언참선"(「보리수」 일부)하는 일상 속에서 자연스럽게 불교적 시심을 일궈왔다. 과잉과 과장이 난무하는 현대시의 소용돌이 속에서 비우고 내려놓고 은둔하는 불교적 사유는 성찰과 함께 치유의 손길을 거느린다.

골 깊어 한낮부터
부엉이는 울어서

부엉이 울음 따라
송홧가루 날려서

담 없는 절 마당으로
산이 그냥 내려와서

여승은 염불하다
끝내는 걸 잊었는지

부처님은 웃다가
성내는 걸 잊었는지

저녁놀 익은 조각이
꽃비처럼 날린다.

―「은적암」 전문

「은적암」은 '색즉시공, 공즉시색'의 불교적 사유를 보여주는 작품이다. 이러한 사유를 더욱 깊게 이끄는 것은 첫수의 '~

서'와 둘째 수의 '~지'로 끝나는 각운 처리라 할 수 있는데, 특히 첫수의 경우 각장의 각운이 서로 인과관계를 가지면서 불교의 물아일체의 사유를 더욱 심화시키는 매우 독특한 이미지를 만들어내고 있다. "바라밀경 한 소절이/ 구절초로 눈을 틔워// 목탁 소리 한 울림에/ 한 송이씩 꽃을 피"(「영평사」 일부)우는 정경이나 "모란꽃/ 모든 귀들은/ 법당 쪽으로만 기울"고, "불경소릴 들으려고/ 깃 세워 퍼덕이는 장면" 등도 모두 부처님의 섭리가 작동되는 불성 이입의 세계라 할 것이다.

이러한 사유는 또 다른 세계를 열고 있는데, 그 중 하나가 육친에 대한 곡진한 사랑을 담은 시편들이다. 육친에 대한 정과 그리움은 특히 이승을 떠난 누이와 아우를 그리는 부분에서 절절하게 표출되고 있다.

작은누님, 오셔요.
버들피리 불게요.
회재 높아 못 온다 해서
낮게 깎아 놓았어요.

산굽이
돌아 돌아서
아지랑이만 날리네요.

산그늘이
내려와서
장막처럼 드리우고
남가섭암 불빛이
별빛으로 일어서요.

밀양 땅 산자락에 누운
누님 기다리는 봄 하루.

－「봄날에 기다리다」 전문

이번 시집의 표제시이기도 한 이 작품은 세상을 떠나 밀양 땅에 묻힌 누님이 돌아오기를 기다리는 마음을 간절히 노래하고 있다. "어머님도/ 아버님도/ 다 가시고 없는 집에// 누님이/ 좋아하던/ 앵두 혼자 익어간다.// 짙붉은 앵두 빛깔에/ 넘쳐나는 서러움."(「누님 부음 오던 날」 전문)은 이제 그리움을 넘어 현실적 기다림으로 승화된다. 이승을 떠난 누님에 대한 그리움의 정서는 「선물」 시편에서 더욱 절절하다. "고향 산 솔바람을 박씨처럼 물고 가서/ 작은 누님 무덤가에 총총히 심어놓네요./ 첫 제사 선물 삼아서 솔향기도 담아가고.// 여기 솔바람은 열무김치 맛이다, 야/ 부모님 유택 뒤로 산 뻐꾸기 울던 시절/ 누님의 그 말소리가 저녁달로 뜨네요."(「선물」 전문) 이들 시편은 특히 구어체의 적절한 기법 구사로 마치 살아 있는 누님과 속삭이는 듯한 정감을 불러일으킨다.

제 2시집의 아버지와 어머니에 대한 그리움의 시편들이 이번 시집에서는 격정을 가라앉힌 승화된 음역으로 나타나 울림의 깊이를 더한다. 특히 아버님 제삿날 "눈보라 칼바람에 온몸 꽁꽁 어셔서/ 우성 지난 길가에 주저앉아 떨면서도/ 내 옷깃 여며 주시던 모닥불빛 그 손길"(「눈길」 일부)을 추억하며 아버님의 부재를 실감하는 장면은 가슴을 서늘하게 한다. 어머님에 대한 그리움도 다르지 않는데, "한 대접 정화수에 밤하늘 별을 담아/ 새벽녘 꿈을 헹궈 자식들 복 비는 마음/ 살포시 지은 미소에 성스러운 그 눈빛"(「정화수」 일부)으로 차원 높게 승화되고 있다.

이러한 그리움의 정서는 자연스럽게 가정의 행복과 아내에 대한 사랑으로 갈무리된다.

문 열면 안겨오는
아내의 웃음꽃다발

곤두섰던 털 재우고
바람 묻은 외투를 벗으면

내민 손
반가운 눈빛에서
일어서는 봄 햇살

-「가정」 전문

가정의 행복은 부부사랑에서 시작된다. 시인은 '문 열면 안겨오는 아내의 웃음꽃다발'에 '봄햇살' 같은 행복감을 만끽한다. 그러나 이러한 부부 사랑이 그냥 이루어지는 것은 아니다. "아내가 발 틀리면 내가 발을 맞춰주고/ 내가 발 틀리면 아내가 발 맞춰 주"(「동반자」 일부)는 숨은 노력과 함께 "행복한 아내 마음의 미소지킴이 되고"(「미소 지킴이」 일부)자 하는 현실적 실천이 뒤따라야만 가능해진다.

엄기창의 시조가 더욱 빛을 발하는 것은 '시장'으로 상징되는 낮고 힘겨운 곳에서 일하는 사람들에 대한 따뜻한 관심, 즉 현실의식을 바탕으로 하고 있는 점이다. 시조가 시절가조時節歌調인 점을 감안할 때 '오늘 여기'에 대한 관심과 공감은 매우 중요하다. 왜곡된 면이 있지만 그동안 시조가 음풍농월의 문학으로 비판 받아왔던 것도 이러한 시대정신을 외면한, 자연서정에 지나치게 의존한 결과라 할 수 있기 때문이다.

눈 녹는 시장 골목
비둘기는
맨발이다.
신발 전 털신 한 짝
사 신기고 싶구나.
종종종
서둘러 가는
머리 위엔 하얀 눈발.

하루 종일 찍어 봐도
허기진 건
숙명이다.
싸전의 주인은
쌀알 한 톨 안 흘리네.
구구구
나직한 신음
핏빛으로 깨진 평화.

—「비둘기-시장풍경 5」 전문

맨발의 비둘기로 상징되는 현대인의 초상은 하루 종일 찍어 봐도 허기질 수밖에 없는 숙명을 지녔다. 현실은 쌀 한 톨 흘리지 않는 각박한 무대이며 서둘러 돌아가는 머리 위엔 차가운 눈발이 쌓이고 나직한 신음을 토하는 아픔을 노정한다. "장마 뒤의 깊은 계곡"(「주름살-시장 풍경3」) 같은 주름살 깊게 파인 노점상 할머니는 그러한 현실 속의 대표적인 초상이다. 이들을 시적 재현의 대상으로 삼은 데서 우리는 엄기창 시인의 현실의식을 높이 살 수밖에 없다.

쇠락해가는 농촌에 대한 애정 어린 관심도 이러한 시정신의 연장선상에 있다. 시인은 "봄 햇살 사운대도 대문은 굳게 닫혀/ 울안에 혼자 사는 살구꽃 꽃가지만/ 아무도 보는 이 없이 목청 돋워 피"(「빈집」)고 있는 농촌을 애잔하게 바라본다. 「2016년 산골마을」 은 "꼬부랑/ 할머니/ 혼자/ 고샅길/ 걸어가서// 쾅쾅 쾅/ 대문 두드려도// 깨어날 줄/ 모르는/ 마을"로 표상되고 있는데, 이 마을은 "봄이 와도 꽃은 없고/ 꾀꼬리 꽃 부르던/ 목소리도 사라지고/ 고샅길/ 꼬불꼬불 돌아/ 경운기만 가고 있"(「장다리골」)는 풍경으로 다시 그려진다.

누구나 그러하듯, 어느 순간 세월의 깊이를 문득 깨닫게 된다. "얼룽이는 삶의 무늬/ 취해서 살다 보"면 "가로수/ 잎 진 가지에/ 칼바람이 앉아 있"음을 문득 깨닫게 되는 것이다.

하루살이에 비하면 짧은 삶이 아니었네.
매미의 마지막 노래 초록 잎에 꽃물 들여
온 산이 활화산처럼 타오르고 있구나.

진다고 아주 지고 머문다고 아주 머무나

있음도 없음도 흘러가는 바람이라.
저 산불 꺼지고 나면 무욕無慾의 눈 덮이리.
—「각성覺性의 가을」 전문

사는 일 돌아보면 "있음도 없음도 흘러가는 바람"임을 문득 깨닫게 되는 계절이 가을이다. 붉게 타는 단풍이 지고나면 무욕의 흰 눈이 세상을 뒤덮는다. 아마도 '이순'이라는 연치가 그 쯤의 풍경 아닐까 싶다. "작년에 본 굽은 나무/ 올해 보니 또 새롭다./ 잔가지 자를 때도/ 망설이고 또 망설여,/ 미운 것/ 예쁜 것들을/ 구별 않고 보는 나이"(「이순耳順」)가 바로 그런 계절의 마음가짐이요, 시선이다. "익숙한 옷들을 벗고/ 눈발 아래 서는" 시간이지만 "지난 세월 실을 뽑아/ 새 날의 그물을 짜며/ 또 한 발/ 못 가본 바다에/ 생生의 기旗를 세"(「퇴임 이후」)워야 하는 시간인 것이다. 어쩌면 그러한 계절은 "제 눈물 젖은 가랑비 울음 모아 흐르는"(「낙화 기행」) 시간일지도 모른다. 또 어쩌면 "그대에게 다가가는 길은 끊어지고/ 오늘따라 어둠은 장막처럼 가로막아// 창문에/ 비친 불빛만/ 바라보며 서 있"(「우수憂愁」)는 우수어린 시간일 수도 있다.

돌 틈마다 세월의 무게가 돌이끼로 덮여있다.

깨어진 기왓장에 박혀있는 삶의 무늬

시간이 스쳐 온 자리 스며있는 눈물과 한숨

무너져도 일어서는 분노를 다독이며

단심丹心 의혈義血이 꽃처럼 지던 그 날

함성이 떠난 자리에 흰 구름만 떠도네.

무엇을 깎아내려 밤새도록 쏟아 붓던

비바람 지나간 성터 수목 빛이 더욱 곱다.

역사는 지우려 할수록 더 파랗게 살아난다.

—「성城」 전문

역사의식이 돋보이는 위 시조는 엄기창 시조의 또 다른 빛깔로 자리한다. 시인은 "세월의 무게가 돌이끼로 덮여 있는" 옛 성을 통해 삶의 무늬와 "시간이 스쳐 온 자리에 스며 있는 눈물과 한숨"을 읽는다. 의혈이 꽃처럼 지던 그 자리엔 흰구름만 무심히 떠돈다는 진술은 오늘을 있게 한 지난날의 아픈 역사를 반추하게 한다. "역사는 지우려 할수록 더 파랗게 살아난다"는 구절은 바로 그러한 역사의식 속에서 길어 올린 울림이 큰 시적 메시지다.

## 4

엄기창 시인은 다양한 시적 관심사를 정격의 시조 양식 속에 조화롭게 우려내고 있다. 무엇보다 시적 대상에 진솔하게 접근하는 시적 진정성으로 고답적이지 않는 현대 서정시조의 색채를 잘 드러내고 있다. 특히 단수 또는 2수 내외의 짧은 시조에서 더욱 빛을 발하는데, 이는 비우고 내려놓는 불교적 사유와 일생을 교육자로 살아온 절제된 삶의 품성에서 비롯된 것이리라.

엄기창 시인의 시를 좋아하는 독자라면 그의 시편들이 환기시키는 이러한 진솔한 시각과 온기 어린 시선에 잔잔한 감동을 받았을 것이다. 이러한 시풍은 특유의 시적 감응력을 발휘하는 데 늘 웃음을 잃지 않는 시인의 선한 인품과도 닮아 있어 더욱 신뢰가 간다.

시인은 '시조를 쓰는 이유'를 "툰드라의 가슴마다/ 햇살 씨앗 깊게 심어// 벌 나비/ 날갯짓하게/ 봄꽃 가득 피우려"는 마음에서라고 했다. 겨울잠을 자는 툰드라의 가슴에 봄꽃을 피우려는 마음, 이러한 정신이야말로 엄기창 시조가 지향하는 드높은 세계라 여겨진다.

그러나 엄기창 시가 안겨주는 이러한 따뜻한 기운은 절로 생겨나는 것이 아니다. "지워도 날이 서는 아픔을 다독이"(「하회탈」)는 자기 극복의 고통 과정과 "오늘도 웃는 연습에/ 하루해가 저무"(「마애삼존불」)는 노력 속에서 얻게 되는 성취라 하겠다. 어쩌면 그러한 시세계는 "그리움이 안으로 익"고 "긴 겨울을 초록으로 견딘 아픔"이 있었기에 얻어질 수 있는, "향기로 자욱이 퍼지"(「인동초」)는 그런 성취일 것이다.

시인은 대학시절부터 시인의 길을 걸어온 시력 40년의 대표적인 한국문단의 중견 시인으로 자릴 잡았으면서도 여전히 신인의 자세로 겸허하게 시를 받들고 있다. 이러한 자세는 그가 줄기차게 견지해온 삶의 태도와 다르지 않으며 시의 품격을 높이는 중심적 사유로 작동한다. 어쩌면 그것은 앞에서 살핀 불교적 사유와 "풀 뒤에 숨어 읊조리는 자줏빛 저 고백을/ 가다가 쪼그려 앉아 하염없이 듣고 있"는 관심과 배려의 정신이 승화된 것이라 할 수 있다. 그런 점에서 낮고 그늘진 곳에 눈길을 떼지 않는 현실의식과 치열한 역사의식은 순수서정에 바탕을 둔 엄기창 시세계를 더욱 건강하게 만드는 요소라 할 것이다.

자유시와 함께 시조를 쓰고 있는 시인답게 시인이 보여주는 시조의 문법 또한 전통에 뿌리를 두면서도 현대적 사유와 감각을 적극적으로 수용하고 있으며, 내용적으로도 다양한 빛깔로 시조의 지평을 넓혀주고 있다. 범람과 일탈 속에서 응축과 절제의 양식인 시조를 쓴다는 것은 고행을 마다 않는 수행자의 자세와 다르지 않다. 그러기에 그 길은 고통스럽지만 성스러운 축복의 여정이다. 그 길을 묵묵히 걷고 있는 엄 시인님께 깊은 존경의 마음을 올리며 모쪼록 건강과 건필을 기원한다.

봄날에 기다리다

엄기창 시조집


발 행 일 | 2016년 5월 20일
지 은 이 | 엄기창
발 행 인 | 李憲錫
발 행 처 | 오늘의문학사
출판등록 | 제55호(1993년 6월 23일)
주　　소 | 대전광역시 동구 대전로 867번길 52(삼성동 한밭오피스텔 401호)
전화번호 | (042)624-2980
팩시밀리 | (042)628-2983
홈페이지 | http://www.lito77.co.kr(홈페이지)
전자우편 | hs2980@hanmail.net

공 급 처 | 한국출판협동조합
주문전화 | (070)7119-1741~2
팩시밀리 | (031)944-8234~6

ISBN 978-89-5669-748-2
값 9,000원